사진작가가 될 거야 | 앙리 카르티에브레송

펴낸날 초판 1쇄 2024년 1월 31일 | 초판 2쇄 2025년 2월 14일 | 글 이재윤 | 그림 이지선 | 감수 이랑
펴낸이 강호준 | 개발책임 조재은 | 기획·편집 고지혜 이송이 애스키모 | 디자인 김소연 알토란
사진 제공 유로크레온 이미지코리아 토픽이미지 ⓒHenri Cartier-Bresson/Magnum Photos ⓒDavid Seymour/Magnum Photos
펴낸곳 ㈜대교 | 등록일 1979년 6월 1일 | 등록번호 제16-11호 | 발행처 키즈스콜레 | 주소 서울특별시 관악구 보라매로 3길 23 대교타워
주문 전화 02)829-1825 | 주문 팩스 070)4170-4318 | 내용 문의 070)8209-6140

ⓒ 키즈스콜레, 2024
ISBN 979-11-6825-153-3

· 이 책은 저작권법에 따라 보호받는 저작물이므로, 이 책에 실린 내용의 무단 전재와 무단 복제를 금합니다.
· 잘못 만들어진 책은 구입한 곳에서 바꾸어 드립니다.
· 오늘책은 ㈜대교의 출판 브랜드입니다.

사진작가가 될 거야

앙리 카르티에브레송

글 이재윤 | 그림 이지선

오늘책

원하는 것을 놓치지 않는 예리한 눈.

내 몸처럼 다룰 수 있는 작고 가벼운 카메라.

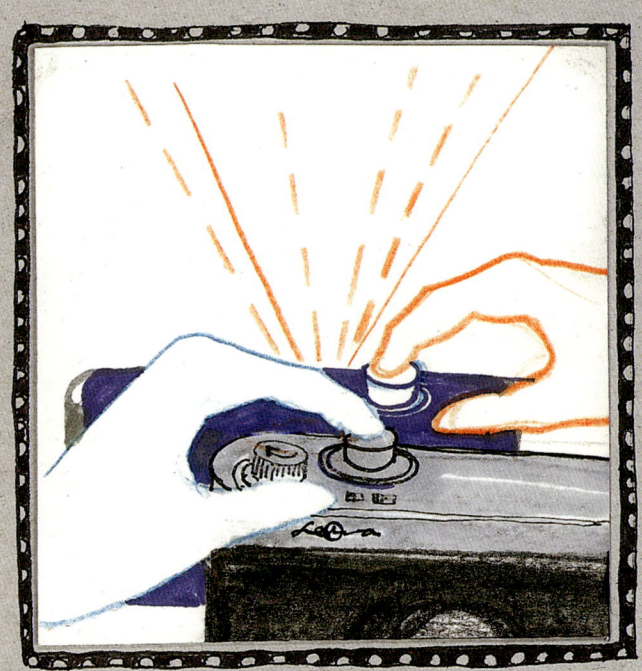
떨림 없이 재빠른 손.

순식간에 공간을 살피는 판단력.

나는 프랑스의 사진작가 카르티에브레송이야.
사람들은 나를 '결정적 순간을 찍은 사진작가'라고 부른단다.

나는 어렸을 때부터 그림 보는 것을 좋아했어.
화가 나서 데굴데굴 구르거나 동생을 괴롭히다가도
엄마가 미술관 이야기를 하면 언제 그랬냐는 듯 금세 순해졌지.

어느 날, 화가인 루이 삼촌의 화실에 놀러 갔어.
문을 여는 순간, 나는 눈이 휘둥그레졌지.
여기저기 놓여 있는 붓이랑, 그림들이랑,
진한 물감 냄새까지도 얼마나 신비로웠는지 몰라.
그때 나는 화가가 되기로 결심했어.

나도 삼촌처럼 화가가 될래요.

나는 파리에 있는 미술 학교에서 이 년 동안 그림을 공부했어.

그림에서는 무엇보다 구도가 중요하다는 걸 깨달았어.

구도가 좋은 그림은 모양, 색깔, 위치가 조화롭게 어우러져 있지.

나는 위대한 화가들의 작품을 그대로 따라 그리면서

좋은 구도를 찾아내는 연습을 계속했어.

하지만 내 욕심만큼 잘 그려지지는 않았어.

정말 우울하고 답답했지.

고민에 빠져 있을 때 친구가 솔깃한 제안을 했어.
"아프리카에 가서 새로운 경험을 해 보면 어때?"
나는 설레는 마음으로 아프리카로 떠났어.

아프리카는 내가 상상했던 것보다 훨씬 매력적이었어.
나는 틈만 나면 사진을 찍었지.
'노 젓는 모습을 연속으로 찍으면 멋지겠는데!'
풍경보다는 강가나 부둣가, 시장에서 일하는 사람들을 찍었어.
'위에서 내려다보며 찍으면 색다를 거야.'
사진을 찍을 때도 그림을 그릴 때처럼 구도를 생각했지.
내가 느끼는 감정을 사진에 담을 수 있다는 것도 알았어.
나는 점점 그림보다 사진이 더 좋아졌어.

프랑스로 돌아온 어느 날, 문카치가 찍은 사진 한 장을 보았어.
세상에! 흑인 아이 세 명이 호수 속으로 뛰어드는 모습이
얼마나 생생하던지….
모래와 물보라가 만드는 멋진 구도, 생기 넘치는 아이들.
무엇보다도 삶이 꿈틀거리는 사진이었어.
난 엄청난 충격을 받았어.
그리고 내가 정말 하고 싶은 게 무엇인지 깨달았지.
'나도 이런 사진을 찍는 사진작가가 되겠어!'

『탕가니카 호수의 세 소년』 1930, 마틴 문카치

얼마 뒤, 나는 마음에 쏙 드는 카메라를 하나 샀어.
바로 라이카라는 카메라였어.
라이카는 작고 가벼워서 재빠르게 사진을 찍기 좋았어.
나는 라이카를 들고 세계 여러 나라를 돌아다녔어.
찰칵찰칵 쉬지 않고 셔터를 눌러 대며
생생한 삶의 모습을 사진에 담았지.
이때부터 라이카는 평생 나와 함께했단다.

사진작가로 첫발을 내디딜 때였어.

생라자르 역의 뒤편을 지나다가 꽤 큰 물웅덩이를 발견했어.

나는 그 위를 뛰어넘는 사람들을 지켜보다가 한 장면을 떠올렸어.

그래서 기다리고, 또 기다리고, 꼬박 하루를 기다렸지.

순간, 한 남자가 잠시 머뭇거리더니 물웅덩이를 풀쩍 건너뛰었어.

찰칵! 난 그때를 놓치지 않고 재빠르게 셔터를 눌렀지.

공중에 떠 있는 남자와 물에 비친 그의 모습, 포스터 속 무용수까지!

구도, 햇빛, 분위기! 모든 것이 완벽한 순간을 찍은 거야.

나의 대표작 『생라자르 역의 뒤』는 이렇게 탄생했어.

좋은 사진을 찍으려면 어떻게 해야 할까요?

가지고 다니기 편하고, 잘 다룰 수 있는 카메라로 사진을 많이 찍으며 연습해요.

『생라자르 역의 뒤』 1932

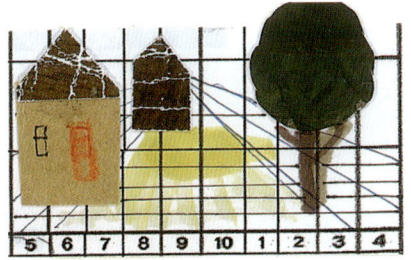

사진 안의 모양들이 조화를 이루도록 구도를 잘 잡아요.

빛의 세기나 방향에 따라 느낌이 달라져요. 빛을 잘 써서 찍어요.

유명한 사진작가들의 작품을 많이 보며 사진을 보는 눈을 키워요.

나는 신문사에 들어가 기자가 되었어.
내가 찍은 사진과 내 이름이 신문에 실린다니 얼마나 멋져!
처음 맡은 일은 영국의 조지 6세가 왕위에 오르는 대관식을 찍는 거였어.
난 남들과 똑같은 사진을 찍고 싶지 않았어.
다른 사진 기자들이 모두 화려한 행사만 찍을 때
나는 왕을 보려고 모여든 사람들을 찍었지.
"사람들 표정만 봐도 분위기를 알겠어. 대단해!"
많은 사람이 남다른 내 사진을 보고 놀라워했어.

『조지 6세 대관식』 1937

사진작가는 전문적으로 찍는 분야가 있어요

순수 예술 사진작가는 예술성 있는 사진을 자유롭게 찍어요.

생태 사진작가는 동식물 등 자연의 모습을 주로 찍어요.

광고 사진작가는 광고에 쓸 상품을 돋보이게 찍어요.

인물 사진작가는 스튜디오나 행사장 등에서 인물을 찍어요.

보도 사진작가는 신문에 실릴 사건이나 사고 현장을 찍어 세상에 알려요.

제2차 세계 대전이 일어나자, 나는 군대에 들어가서
전쟁터를 돌아다니며 사진을 찍었어.
하지만 몇 달 뒤, 우리 군대는 독일군에게 포위당하고 말았어.
'내 소중한 카메라를 빼앗길 수는 없어!'
다행히 포로로 잡히기 직전에 카메라를 땅속에 숨겼지.

이럴 땐 좋고
이럴 땐 힘들어요

여러 곳을 다니며 다양한 경험을 하고,
새로운 사람을 만날 수 있어서 좋아요.
만족스러운 사진을 찍으면 뿌듯하지요.

나는 삼 년이나 포로로 지냈어.
사진을 찍을 수 없다는 게 무엇보다도 힘들었지.
난 세 번의 시도 끝에 탈출에 성공했어.
그리고 숨겨 두었던 카메라부터 찾았어.

땅속에 숨겨 놓은 내 카메라는 무사할까?

휴일에도 일할 때가 많고, 무거운 촬영 장비를 가지고 다니려면 힘들어요. 전쟁터같이 위험한 곳에서 일해야 할 때도 있어요.

나는 출판사의 부탁으로 화가 마티스의 사진을 찍게 되었어.
마티스는 사진 찍히는 것을 끔찍이 싫어했지.
난 처음에는 조용히 마티스를 관찰하다가 돌아오곤 했어.
어느 날 마티스가 나를 잊고 그리는 작업에 몰두할 때, 찰칵!
마티스의 자연스러운 모습을 사진에 담았지.

『앙리 마티스』 1944

마티스 말고도 유명한 사람들을 많이 찍었어.
오랫동안 가만히 지켜보거나 이야기를 나누다 보면
그 사람의 진짜 모습이 드러나는 순간이 찾아오지.
그 순간 눈에 띄지 않게 슬쩍 셔터를 누르는 거야.

"내 사진을 또 제멋대로 쓰다니, 더 이상 참을 수 없어!"

어느 날 내 친구이자 사진작가인 카파가 흥분해서 말했어.

그때는 신문사에서 사진을 마음대로 쓰거나 고치는 일이 흔했어.

나와 카파는 친구들과 사진작가 단체를 만들기로 했어.

"이름을 '매그넘 포토스'라고 짓는 게 어때?" 친구가 말했어.

매그넘은 크다는 뜻이야. 세상의 진실을 담는 큰 그릇이 되자는 의미였지.

이렇게 사진작가와 사진을 보호하는 매그넘 포토스가 탄생했어.

매그넘 포토스는 어떤 일을 할까요?

보도 사진작가들이 특정 언론사에 속하지 않고 자유롭게 활동하도록 도와요.

사진을 공동으로 보관하고 관리해요. 사용료를 받고 이용을 허락하기도 해요.

찍은 사진과 설명 글을 함부로 고치지 못하게 엄격하게 감독해요.

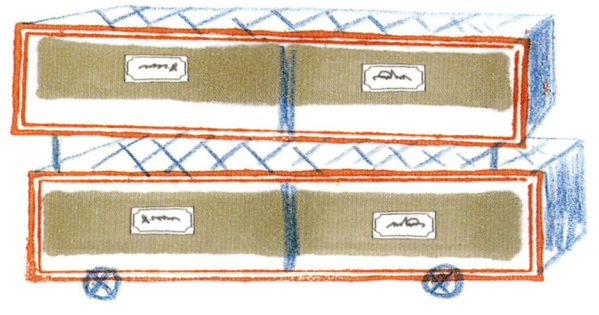

사진작가들의 권리를 보호하고, 수익을 투명하게 나누어요.

사진을 찍은 지 이십 년이 넘게 흘렀어.
난 상도 많이 받고 유명해졌단다.
나는 그동안 찍은 사진을 모아 사진집을 냈어.
책의 맨 앞은 이렇게 시작돼.
"이 세상에 결정적이지 않은 순간은 없다."
이때부터 사람들은 나를 '결정적 순간을 찍은 사진작가'라고 불렀어.
사진집을 내고 삼 년 뒤에는 루브르 박물관에서 전시회도 열었어.
루브르 박물관 역사상 사진작가로는 최초의 전시회였지.
마침내 내 사진이 예술로 인정받은 거야.

사진으로 사람들과 소통해요

사진을 신문, 잡지에 싣거나 인터넷에 올려 느낌과 생각을 나눠요.

 같은 주제나 일정 기간 동안 찍은 사진을 모아서 사진집을 내요.

 사진 전시회를 열어요. 혼자 또는 여럿이 모여 전시회를 열지요.

 사진 대회에 참가해요. 상을 받으면 사진과 이름을 알릴 수 있어요.

난 사진 찍는 즐거움을 마음껏 누리며 기쁘게 일했어.
때로는 힘들고 고단했지.
하지만 열정을 다해 좋아하는 일을 하면서 느끼는 고단함보다
더 즐거운 고단함이 있을까?

> 평범함 속에서 평범하지 않은 것을 찾아낸 사진작가.
> 화가 벤 샨

> 예술가이자 사진 기자로 인정받은 최고의 사진작가.
> 사진작가 레이몽 드파르동

> 취미를 예술로 바꾸어 놓은 사진작가.
> 영국 『가디언』지의 부고 논평

> 세상의 따뜻함과 아름다움을 보여 준 사진작가.
> 사진작가 마르크 리부

난 평생 결정적 순간을 포착하길 바랐어.
하지만 돌아보니 인생의 모든 순간이 결정적 순간이었단다.

 **1% 인물메이커**

앙리 카르티에브레송

1908~2004, 프랑스

세계를 돌아다니며 사진을 찍었어요.
마틴 문카치가 찍은 사진을 보고 사진작가가 되기로 결심했어요. 에스파냐, 프랑스, 멕시코 등 세계 여러 나라를 돌아다니며 사람들의 생생한 모습을 꾸밈없이 찍었지요.

미술에 관심이 많았어요.
어릴 때부터 그림을 보고, 그리기를 좋아했던 카르티에브레송은 삼촌의 화실을 구경하고 화가의 꿈을 키웠어요. 미술 공부를 하며 구도의 중요성을 깨닫고, 구도를 잡는 연습을 많이 했어요.

사진작가가 되었어요.
1932년에 대표작 『생라자르 역의 뒤』를 찍었어요. 영국의 조지 6세가 왕위에 오르는 대관식 사진을 남들과 다르게 찍었지요. 제2차 세계 대전 때 종군 기자로 전쟁에 참가했어요.

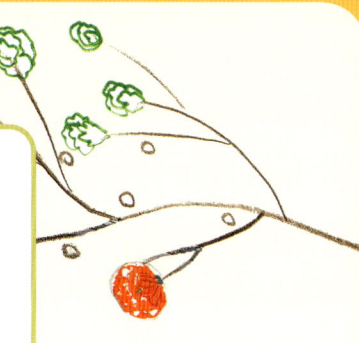

사진집 『결정적 순간』을 펴냈어요.
20여 년 동안 찍은 사진을 모아 『결정적 순간』이라는 사진집을 냈어요. 그 뒤, '결정적 순간'은 카르티에브레송과 그의 사진 철학을 대표하는 말이 되었어요.

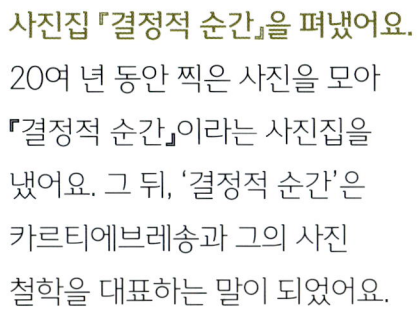

사진을 예술의 한 분야로 끌어올렸다는 평가를 받아요.
카르티에브레송은 평범한 일상을 생생하게 찍은 사진작가로 유명해요. 일부러 꾸며서 찍는 게 아니라 구도, 햇빛 등 모든 요소가 가장 조화로운 순간을 기다리고 또 기다렸다가 찍었지요. 20세기 최고의 사진작가로 불린답니다.

매그넘 포토스를 만들었어요.
뉴욕 현대 미술관에서 사진 전시회를 열어 크게 성공하며 세계적인 사진작가로 불리기 시작했어요. 1947년에 다른 사진작가들과 함께 보도 사진작가 단체인 매그넘 포토스를 만들었어요.

마음의 눈을 뜨고 세상을 따뜻하게 바라봐. 너만의 사진을 찍어 보렴!

카르티에브레송처럼 사진작가가 되고 싶어

사진작가는 사진 찍는 일을 전문으로 하는 사람이에요. 책이나 신문, 광고 등에 들어가는 사진을 찍고, 자신의 작품을 모아 전시하기도 해요. 사진 찍기를 좋아한다면 사진작가를 꿈꿔 보세요.

Q 자연스러운 초상 사진을 찍는 비결은?

카르티에브레송은 앙리 마티스, 파블로 피카소 같은 예술가의 사진을 많이 찍었어요. 그는 초상 사진을 제대로 찍으려면 촬영할 사람을 잘 알아야 한다고 생각했어요. 그래야 가장 그 사람다운 모습을 사진에 담을 수 있고, 그런 사진이 감동을 줄 수 있다고 믿었지요.

Q 카르티에브레송이 꼭 지킨 촬영 원칙은?

카르티에브레송은 사진이 현실을 있는 그대로 담아내야 한다고 믿었어요. 그래서 사진을 찍을 때 상황을 꾸며서 찍지 않았고, 플래시를 쓰지 않았어요. 조명은 자연적인 빛으로 충분하다고 생각했거든요. 또 사진을 고치지 않고, 찍은 그대로 썼어요.

Q 사진작가는 어떤 능력이 필요할까?

사진작가는 좋은 장면을 찾아내고, 짜임새 있고 아름답게 화면을 구성할 수 있어야 해요. 원하는 장면을 빠르게 판단하고 찍을 수 있는 순발력도 필요하지요. 독창적인 사진을 찍으려면 창의력도 있어야 해요.

Q 사진작가는 꼭 비싼 카메라를 써야 할까?

사진작가는 전문적인 수준의 사진을 찍기 위해 어느 정도 값이 나가는 카메라를 써요. 하지만 비싸고 성능 좋은 카메라를 꼭 써야 하는 건 아니에요. 찍으려는 사진에 알맞은 카메라를 고르고, 능숙하게 다룰 수 있도록 연습하는 게 더 중요해요.

Q 카메라나 사진에 대해 더 알고 싶다면?

경기도 과천시에는 한국 카메라 박물관이 있어요. 3천여 점의 카메라를 보면서 카메라의 역사를 한눈에 알 수 있지요. 또 서울 송파구에 있는 한미 사진 미술관에서는 우리나라 근현대를 기록한 귀중한 사진들을 만날 수 있어요.

글 **이재윤**

대학과 대학원에서 수학을 공부했고, 지금은 어린이들이 쉽고 재미있게 읽을 수 있는 책을 기획하고 쓰고 있습니다.
좋아하는 사진작가의 삶과 사진을 보며 아이들도 그 감동을 함께했으면 하는 마음을 담아 이 책을 썼습니다.
「웅진 과학 탐험」, 「집요한 과학씨」, 「야무진 과학씨」 시리즈를 기획했습니다.
지은 책으로는 『별별 사람 별별 문화, 이웃나라 탐방』, 『우주선 타기는 정말 진짜 너무 힘들어』,
『공기를 타고 달리는 소리』, 『자연과 만나는 우리 한옥 이야기』 등이 있습니다.

그림 **이지선**

영국 킹스턴대학교와 브라이튼대학교에서 일러스트레이션을 공부했습니다. 작가의 시선을 따라 그가 만난 사람들,
여행한 곳들을 경험하는 멋진 시간이었습니다. 그림을 그리는 동안 카르티에브레송이 나에게 말을 걸어오는 것
같았거든요. 그린 책으로는 『밴드마녀와 빵공주』, 『심청전』, 『바리 공주』, 『나는 임금님이야』 등이 있습니다.

감수 **이랑(한국고용정보원 연구원)**

대학에서 심리학, 경제학, 경영학 등을 공부하며 진로 찾기에 힘썼습니다. 지금은 한국고용정보원
미래직업연구팀에서 직업과 진로에 대한 연구를 하고 있습니다.